谁的生日派对酷？

Shéi de shēng rì pài duì kù?

谁的生日派对酷？

Text by Pu-mei Leng　冷步梅
Cover Illustration by Mary Ann Peterson
Interior Illustration by　Yuanchun　Wei 魏艳春
Cover Layout by Lan Yao 摇岚

To students who has inspired
me and contributed to the story
creation in the classroom

Table of Contents

A Note to the Reader

This story contains about 1950 Chinese characters, with only 70 unique words. All of the vocabulary are high frequency words.

The main text of this book only contains simplified Chinese. The glossary includes traditional Chinese characters which are different from the simplified ones. You will find that there are only a few words that are different. If you were taught in traditional Chinese, try to focus on the story itself, and you will probably read it through without noticing, or by just guessing the meaning of the simplified characters.

The pinyin is on the left side of the book, in case you need the reference. More than likely this will be for some of the cognates. Just start to read the story in Chinese characters. You will find out how easy it is to read a story in Chinese. In no time you will be like many of my students who often comment that reading pinyin is not as easy and fast as reading characters.

Dear reader, are you ready to leap into a 1950 Chinese character reader now? Enjoy!

谁的生日派对酷？

Dì yī zhāng

Qī yuè sì hào de shēng rì pài duì

Bobby Chop Bee de mā ma gēn Nini Hollis Kinney de mā ma shì péng you 。 tā men shì xiǎo shí hou de péng you , tā men shì hěn hǎo de péng you 。 suǒ yǐ Bobby Chop Bee hé Hollis Kinney hěn xiǎo de shí hou jiù zài yī qǐ wán ' ér 。

第一章

七月四号的生日派对

Bobby Chop Bee 的妈妈跟 Nini Hollis Kinney的妈妈是朋友。她们是小时候的朋友，她们是很好的朋友。所以Bobby Chop Bee和Nini Hollis Kinney很小的时候就在一起玩儿。

Bobby hé Nini de shēng rì dōu zài qī

yuè 。 Bobby de shēng rì shì qī yuè sān

hào ， Nini de shēng rì shì qī yuè liù hào 。

xiǎo de shí hou ， tā men cháng cháng yì

qǐ guò shēng rì 。 tā men de mā ma cháng

cháng zài qī yuè sì hào nà tiān gěi tā mén

guò shēng rì ， yīn wèi qī yuè sì hào nà tiān

tā men de bà ba mā ma dōu bú shàng bān 。

Bobby 和Nini的生日都在七月。
Bobby 的生日是七月三号，Nini的
生日是七月六号。小的时候，他们
常常一起过生日。他们的妈妈常常
在七月四号那天给他们过生日，因
为七月四号那天他们的爸爸妈妈都
不上班。

Kě shì Bobby hé Nini shàng le zhōng xué

yǐ hòu jiù bù xiǎng yì qǐ guò shēng rì le。

yīn wèi tā men xiǎng qī yuè sì hào shì měi

guó de shēng rì, qī yuè sì hào bú shì tā

mén de shēng rì。 Bobby de shēng rì shì

qī yuè sān hào, Nini de shēng rì shì qī yuè

liù hào。 tā men de shēng rì bú shì tóng yì

tiān。 tā men wèi shén me yào yì qǐ guò

shēng rì?

可是 Bobby 和 Nini 上了中学以后
就不想一起过生日了。因为他们想
七月四号是美国的生日，七月四
号不是他们的生日。Bobby 的生日
是七月三号，Nini 的生日是七月六
号。他们的生日不是同一天。他们
为什么要一起过生日？

Bobby Chop Bee duì tā mā ma shuō : " wǒ
de shēng rì shì qī yuè sān hào ,　wèi shén
me wǒ zài qī yuè sì hào guò shēng rì ? "

Tā de mā ma shuō :　" yīn wèi qī yuè sì hào
wǒ gēn Nini de mā ma dōu bú shàng bān ,
wǒ men kě yǐ hǎo hāo de gěi nǐ hé Nini guò
yí ge shēng rì 。 "

Bobby Chop Bee对他妈妈说："我的生日是七月三号，为什么我在七月四号过生日？"

他的妈妈说："因为七月四号我跟Nini的妈妈都不上班，我们可以好好地给你和Nini过一个生日。

Bobby Chop Bee shuō : " wǒ de shēng rì
shì qī yuè sān hào ， bú shì qī yuè sì hào ，
Nini de shēng rì yě bú shì qī yuè sì hào 。
nǐ wèi shén me yào wǒ gēn Nini yì qǐ guò
shēng rì ？ "

Bobby Chop Bee de mā ma shuō : " wǒ
shuō le ， yīn wèi wǒ men qī yuè sì hào bú
shàng bān 。 "

Bobby Chop Bee说："我的生日是七月三号，不是七月四号，Nini的生日也不是七月四号。你为什么要我跟Nini一起过生日？"

Bobby Chop Bee的妈妈说："我说了，因为我们七月四号不上班。"

Bobby Chop Bee shuō : " kě shì , mā
ma , bà ba de shēng rì shì shí èr yuè èr shí
èr hào , tā wèi shén me bú zài shí èr yuè
èr shí wǔ hào nà tiān guò shēng rì , shí èr
yuè èr shí wǔ hào nǐ hé bà ba dōu bú shàng
bān 。 kě shì shí èr yuè èr shí èr hào nǐ men
yào shàng bān 。 "

Bobby Chop Bee说："可是，妈妈，爸爸的生日是十二月二十二号，他为什么不在十二月二十五号那天过生日，十二月二十五号你和爸爸都不上班。可是十二月二十二号你们要上班。"

Bobby Chop Bee de mā ma shuō： "hǎo

hǎo hǎo， Bobby， Nini yě bú yào gēn nǐ

yì qǐ guò shēng rì 。 nǐ kě yǐ zài qī yuè sān

hào guò shēng rì le 。 "

Bobby Chop Bee的妈妈说："好好好，Bobby，Nini也不要跟你一起过生日。你可以在七月三号过生日了。"

Dì èr zhāng

Shén me yàng de shēng rì pài duì kù?

Suí biàn ! suí biàn mā ma zěn me xiǎng !
Bobby Chop Bee bú zài hū tā mā ma zěn me
xiǎng 。 xiàn zài tā kě yǐ zài qī yuè sān hào
guò shēng rì le 。

第二章

什么样的生日派对酷？

随便！随便妈妈怎么想！Bobby Chop Bee不在乎他妈妈怎么想。现在他可以在七月三号过生日了。

Tā méi yǒu duì tā mā ma shuō, tā bù xiǎng hé Nini yì qǐ guò shēng rì, yīn wèi Nini shì nǚ hái'ér, tā bú yào tā de shēng rì pài duì yǒu fěn hóng sè de qì qiú 。 Noah Peel cháng cháng xiào tā de fěn hóng sè shēng rì pài duì.

Bobby Chop Bee xiǎng, bú shì Nini Hollis Kinney bú yào gēn wǒ yì qǐ guò shēng rì, shì wǒ bú yào gēn Nini yì qǐ guò 。

他没有对他妈妈说，他不想和Nini
一起过生日，因为Nini是女孩儿，
他不要他的生日派对有粉红色的气
球。Noah Peel常常笑他的粉红色生
日派对。

Bobby Chop Bee想，不是Nini Hollis
Kinney不要跟我一起过生日，是我
不要跟Nini一起过。

Nini bú zài hu lán sè de qì qiú , tā xǐ huan lán sè de shēng rì pài duì , nán hái xǐ huan de Nini dōu xǐ huan 。 kě shì wǒ hěn bù xǐ huan fěn hóng sè de shēng rì pài duì 。 nǔ hái xǐ huan de , wǒ dōu bù xǐ huan 。

Qī yuè sān hào , Bobby Chop Bee de shēng rì pài duì bú huì yǒu fěn hóng sè de qì qiú le 。 jīn nián de shēng rì pài duì shì Bobby Chop Bee de shēng rì pài duì , bú shì Bobby Chop Bee hé Nini Hollis Kinney de shēng rì pài duì le。

Nini 不在乎蓝色的气球，她喜欢蓝色的生日派对，男孩喜欢的，Nini都喜欢。可是我很不喜欢粉红色的生日派对。女孩喜欢的，我都不喜欢。

七月三号，Bobby Chop Bee的生日派对不会有粉红色的气球了。今年的生日派对是Bobby Chop Bee 的生日派对，不是Bobby Chop Bee和Nini Hollis Kinney的生日派对了。

Bobby Chop Bee xiǎng yào yǒu yí ge hěn
kù de shēng rì pài duì 。 Noah Peel wèn :
" nǐ xiǎng bù xiǎng zài Bowling Heart kāi
shēng rì pài duì ? "

Bobby Chop Bee想要有一个很酷的生日派对。Noah Peel 问："你想不想在Bowling Heart 开生日派对？"

Bù xiǎng , Bobby bù xiǎng 。 méi yǒu
rén xǐ huan dǎ Bowling。 Bowling de
shēng rì pài duì bú kù 。 qù nián Noah de
shēng rì pài duì shì yí ge Bowling de shēng
rì pài duì 。 Nick Pennick shuō bù hǎo wán
' ér , Nini Hollis Kinney shuō bù hǎo
wán ' ér , Bobby Chop Bee yě shuō bù
hǎo wán ' ér 。 bù , Bobby Chop Bee yào
yí ge hǎo wán ' ér de shēng rì pài duì , tā
yào yí ge hěn kù de shēng rì pài duì 。

不想，Bobby 不想。没有人喜欢打
Bowling。 Bowling的生日派对不
酷。去年Noah的生日派对是一个
Bowling 的生日派对。Nick Pennick
说不好玩儿， Nini Hollis Kinney说
不好玩儿， Bobby Chop Bee也说不
好玩儿。不，Bobby Chop Bee 要一
个好玩儿的生日派对，他要一个很
酷的生日派对。

Bobby bù xiǎng wèn Nini, yīn wèi Nini
de shēng rì zài qī yuè liù hào。 tā bù xiǎng
Nini zhī dao tā yào yǒu yí ge hěn kù de
shēng rì pài duì。 tā wèn Nick shén me
yàng de shēng rì pài duì kù。

Nick shuō : "yóu yǒng。 nián nián qī yuè
sān hào dōu hěn rè, rú guǒ wǒ men zài
yóu yǒng chí dāng rán jiù huì hěn 'kù'。
wǒ xiǎng rén rén dōu huì shuō Bobby Chop
Bee de shēng rì pài duì fēi cháng kù。"

Bobby不想问Nini，因为Nini的生日
在七月六号。他不想Nini知道他要
有一个很酷的生日派对。他问Nick
什么样的生日派对酷。

Nick 说："游泳。年年七月三号都
很热，如果我们在游泳池当然就会
很'酷'。我想人人都会说Bobby
Chop Bee的生日派对非常酷。"

Wǒ zěn me méi xiǎng dào？tài kù le, Nick Pennick。tā de péng you dōu xǐ huan yóu yǒng。qī yuè sān hào huì hěn rè，zài yóu yǒng chí huì hěn "kù"，zài yóu yǒng chí kāi shēng rì pài duì dāng rán hěn kù。zài yóu yǒng chí kāi shēng rì pài duì yě huì hěn hǎo wán'ér。

我怎么没想到？太酷了，Nick Pennick。他的朋友都喜欢游泳。七月三号会很热，在游泳池会很"酷"，在游泳池开生日派对当然很酷。在游泳池开生日派对也会很好玩儿。

Bobby Chop Bee de mā ma shuō :

" Bobby , Club de yóu yǒng chí kě yǐ kāi

shēng rì pài duì ,   kě shì qī yuè sān hào

nà tiān, nǐ men yào sì diǎn qù Club yóu

yǒng ,   wǔ diǎn de shí hou nǐ men dōu

huí wǒ men jiā chī dōng xi 。 yīn wèi

Smith lǎo shī wǔ diǎn yào zài Club de yóu

yǒng chí gēn xué shēng yì qǐ yóu yǒng 。 ”

Bobby Chop Bee 的妈妈说：
"Bobby， Club 的游泳池可以开生
日派对，可是七月三号那天，你们
要四点去Club 游泳，五点的时候你
们都回我们家吃东西。因为Smith
老师五点要在Club 的游泳池跟学生
一起游泳。"

Bobby xiǎng yào tā de pài duì zài yóu yǒng

chí ， bú shì qù yóu yǒng chí yóu yǒng ，

kě shì …

Nick Pennick shuō ： " Bobby ， méi guān

xì 。 wǔ diǎn de shí hou dà jiā huì hěn è ，

suǒ yǐ tā men bú zài hu zài yóu yǒng chí hái

shì zài nǐ jiā chī dōng xi 。 "

Bobby 想要他的派对在游泳池，不是去游泳池游泳，可是⋯

Nick Pennick 说："Bobby， 没关系。五点的时候大家会很饿，所以他们不在乎在游泳池还是在你家吃东西。"

Dì sān zhāng

Zāo gāo！

Qī yuè sān hào nà tiān xià wǔ sì diǎn de shí hou , Bobby Chop Bee de péng you dōu qù le Club 。 dà jiā dōu shuō " shēng rì kuài lè , Bobby Chop Bee 。 "

" Hěn kù ā , jīn nián nǐ zài yóu yǒng chí kāi shēng rì pài duì 。 "

第三章

糟糕！

七月三号那天下午四点的时
候， Bobby Chop Bee的朋友都去
了 Club。大家都说："生日快
乐，Bobby Chop Bee。"

"很酷啊，今年你在游泳池开生日
派对。"

Tā men yí ge yí ge tiào xià shuǐ , tā men zài

yóu yǒng chí lǐ yóu yǒng ,　zài yóu yǒng

chí lǐ dǎ shuǐ ,　zài yóu yǒng chí lǐ wán

qiú ,　zài yóu yǒng chí lǐ chàng " shēng rì

kuài lè " 。　dà jiā dōu hěn kāi xīn 。

他们一个一个跳下水，他们在游泳
池里游泳，在游泳池里打水，在游
泳池里玩球，在游泳池里唱"生日
快乐"。大家都很开心。

Sì diǎn wǔ shí wǔ fēn de shí hou ,　Bobby

de mā ma lái le ，　tā yào dà jiā kuài kuài

zǒu ，　yì qǐ qù Bobby jiā chī dōng xi 。

" Wèi shén me ?　wéi shén me bú zài zhè'r

chī ?　"

" Wǒ xiǎng wǒ men yǒu yí ge yóu yǒng chí

de shēng rì pài duì !　"

Kě shì dà jiā dōu è le 。　suǒ yǐ tā men qù le

Bobby jiā 。

四点五十五分的时候，Bobby的妈妈来了，她要大家快快走，一起去Bobby家吃东西。

"为什么？为什么不在这儿吃？"

"我想我们有一个游泳池的生日派对！"

可是大家都饿了。所以他们去了Bobby家。

Bobby jiā yǒu hěn duō hǎo chī de 、 hǎo
hē de ， yǒu Mama Sofia de pī sà hé yì dà li
miàn ， yǒu kě kǒu kě lè, dāng rán hái yǒu
yí ge hěn dà de shēng rì dàn gāo 。 dà jiā
chī le hěn duō ， dà jiā dōu shuō hěn hǎo
chī ， dà jiā dōu shuō Bobby de shēng rì pài
duì hěn kù 。

Bobby家有很多好吃的、好喝的，有
Mama Sofia的批萨和意大利面，有
可口可乐，当然还有一个很大的生
日蛋糕。大家吃了很多，大家都说
很好吃，大家都说Bobby的生日派对
很酷。

"Zāo gāo！"Noah dà jiào，"lǐ wù！
lǐ wù zài nǎ ér？ zài——zài Club！"
"Zāo gāo，wǒ de lǐ wù yě zài Club！"
"Wǒ de lǐ wù yě zài Club！tài zāo gāo

le！"

"糟糕！"Noah大叫，"礼物！礼物在哪儿？在——在Club！"

"糟糕，我的礼物也在Club!"

"我的礼物也在Club! 太糟糕了！"

Dì sì zhāng
Cyber shēng rì pài duì

Bobby xiǎng， Nini yào zěn me guò shēng rì ne？ wèi shén me tā hái méi yǒu qǐng wǒ？

Qī yuè wǔ hào nà tiān Bobby kàn dao Nini de diàn yóu， "nǐ yào lái wǒ de Cyber shēng rì pài duì ma？ qī yuè liù hào xià wǔ sān diǎn sān shí sān fēn， shàng wǎng。"

第四章

Cyber生日派对

Bobby想，Nini要怎么过生日呢？为什么她还没有请我？

七月五号那天Bobby看到Nini的电邮，"你要来我的Cyber生日派对吗？七月六号下午三点三十三分，上网。"

Shén me？ Cyber shēng rì pài duì？ shén
me shì Cyber shēng rì pài duì？ tā wèn
Noah hé Nick， tā men yě bù zhī dao shén
me shì Cyber shēng rì pài duì。 tā gěi Nini
dǎ diàn huà， kě shì méi yǒu rén tīng。
Noah hé Nick shuō tā men yě gěi Nini dǎ le
diàn huà， yě méi yǒu rén tīng。

什么？Cyber生日派对？什么是
Cyber生日派对？他问Noah和Nick，
他们也不知道什么是Cyber生日派
对。他给Nini打电话，可是没有人
听。Noah和Nick说他们也给Nini打
了电话，也没有人听。

Qī yuè liù hào xià wǔ sān diǎn sān shí sān fēn， Bobby shàng le wǎng， tā kàn jiàn "qǐng nǐ dǎ wǔ ge shù zì de mì mǎ。" shén me？ Noah hé Nick gěi Bobby dǎ diàn huà："Nini bù tīng diàn huà， shén me wǔ ge shù zì de mì mǎ？ tā méi shuō。"

Bobby shuō："tā shuō le。qī liù sān sān sān。" Bobby dǎ le "qī liù sān sān sān"， tā kàn jian "Nini huān yíng nǐ！" tā yě kàn jian hěn duō péng you dōu zài wǎng shàng le。

七月六号下午三点三十三分，Bobby
上了网，他看见"请你打五个数字
的密码。"什么？ Noah和Nick 给
Bobby打电话："Nini 不听电话，什
么五个数字的密码？她没说。"

Bobby说："她说了。七六三三
三。" Bobby打了"七六三三
三！"他看见"Nini欢迎你！"他也
看见很多朋友都在网上了。

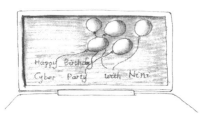

Bobby kàn jian hěn duō fěn hóng sè de
qì qiú 。 tā xiǎng , nǚ hái de shēng rì
pài duì ! tā tīng jian Nini shuō : " rú
guǒ nǐ xiǎng wán Bowling , nǐ jiù dǎ
Bowling de qì qiú 。 rú guǒ nǐ xiǎng
chī fàn jiù dǎ restaurant de qì qiú ;
rú guǒ nǐ xiǎng yóu yǒng , jiù dǎ yóu
yǒng chí de qì qiú … "

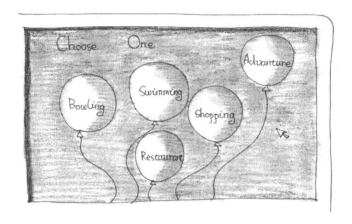

Bobby看见很多粉红色的气球。他想，女孩的生日派对！他听见Nini说："如果你想玩Bowling，你就打Bowling的气球。如果你想吃饭就打restaurant的气球 ；如果你想游泳，就打游泳池的气球…"

Bobby dǎ le restaurant，tā xiǎng，nǎ'ér
yǒu chī de ne？kě shì tā shàng wǎng yǐ
hòu，tā bù xiǎng chī de dōng xi le。tā
wán le yí ge chī dōng xi de yóu xì，yǒu
hěn duō hǎo chī de、hǎo hē de。tā qù le
yí ge "zài Antarctica de restaurant kāi de
shēng rì pài duì"，gēn penguin yì qǐ tiào
wǔ，tā yě qù yí ge "zài North Pole de
shēng rì pài duì"，gēn yí ge hěn dà de
Polar Bear yì qǐ dǎ wǎng qiú …

Bobby打了restaurant，他想，哪儿有吃的呢？可是他上网以后，他不想吃的东西了。他玩了一个吃东西的游戏，有很多好吃的、好喝的。他去了一个"在Antarctica的restaurant开的生日派对"，跟penguin一起跳舞，他也去了一个"在North Pole的生日派对"，跟一个很大的Polar Bear一起打网球…

Tā bù zhī dào tā wán le duō cháng shí
jiān 。 tā dào le yí ge Online Mall ， " Nini
xiè xie nǐ de shēng rì lǐ wù 。 qǐng nǐ gěi
Endangered Animals qián 。 nǐ xiǎng gěi
duō shǎo ？ " Bobby xiǎng le xiǎng ， gěi
le sān shí sān yuán 。

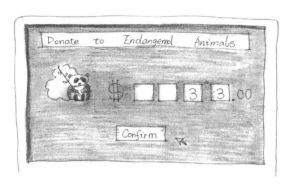

他不知道他玩了多长时间。他到
了一个 Online Mall，"Nini 谢谢
你的生日礼物。请你给Endangered
Animals 钱。你想给多少？"Bobby
想了想，给了三十三元。

Zuì hòu， tā tīng jian Nini shuō， hǎo le，
qī diǎn wǒ men zài Grandma's Kitchen chī
dàn gāo 。 xiè xie nǐ men lái wǒ de Cyber
shēng rì pài duì 。

Bobby xiǎng： tài kù le！ Nini Hollis
Kinney 。 wǒ zěn me méi xiǎng dào？
wèi shén me wǒ bú yào gēn Nini yì qǐ guò
shēng rì？

最后，他听见Nini说，好了，七点
我们在Grandma's Kitchen吃蛋糕。
谢谢你们来我的Cyber生日派对。

Bobby 想：太酷了！Nini Hollis Kin-
ney。我怎么没想到？为什么我不要
跟 Nini 一起过生日？

GLOSSARY
词索

bà ba	爸爸
bú huì	不会
bù xiǎng	不想
bú zài hu	不在乎
chàng	唱
cháng cháng	常常
chī	吃
chī dōng xi	吃东西
chī fàn	吃饭
dǎ	打
dà jiā	大家
dà jiào	大叫
dǎ wǎng qiú	打网球
dàn gāo	蛋糕
dāng rán	当然
dào le	到了
…de shí hòu	…的时候
diàn yóu	电邮
dōu	都
duì…shuō	对…说
duō cháng shí jiān	多长时间
dūo shǎo	多少
è	饿
èr shí èr	二十二

	dad
不會	will not
	do not feel like to
	do not care
	to sing
	often
	to eat
吃東西	to eat
吃飯	to eat; to have a meal
	to hit; to play
	everyone
	to yell; to scream
打網球	to play tennis
	cake
當然	of course
	arrived; reached
…的時候	when
電郵	email
	all; both
對…說	said to
多長時間	how long
	how much
餓	be hungry
	twenty-two

èr shí wǔ	二十五
fēi cháng	非常
fěn hóng sè	粉红色
gěi…dǎ diàn huà	给…打电话
gěi…guò shēng rì	给…过生日
gěi…qián	给…钱
gēn…shì péng you	跟….是朋友
hái méi	还没
hái shì	还是
hái yǒu	还有
hǎo hāo de	好好地
hǎo hǎo hǎo	好好好
hǎo le	好了
hǎo wán'er	好玩儿
hé	和
hěn duō	很多
hěn hǎo	很好
hěn kù	很酷
hūan yíng	欢迎
huí jiā	回家; 回..家
jīn nián	今年
jiù zài yì qǐ	就在一起
kāi pài duì	开派对
kāi xīn	开心

	twenty-five
	very
粉紅色	pink
給…打電話	to call…
給…過生日	to celebrate someone's birthday
給...錢	to give…money
	to be friend with…
還沒	not yet
還是	or
還有	in addition,
	nicely
	Okay, okay
	done
好玩兒	fun
	and
	a lot
	very good
	very cool
歡迎	welcome
	retun home
	this year
	already be together
開派對	to throw a party
開心	be happy

kàn jiàn	看见
kě shì	可是
kě kǒu kě lè	可口可乐
kě yǐ	可以
kuài kuai zǒu	快快走
lái	来
lán sè	蓝色
lǎo shī	老师
le	了
lǐ wù	礼物
ma	吗
měi guān xi	没关系
méi xiǎng dào	没想到
méi yǒu duì.. shuō	没有对..说
méi yǒu rén	没有人
měi guó	美国
mì mǎ	秘码
nà tiān	那天
nǎ'er	哪儿
nián nián	年年
nǚ hái ér	女孩儿
pài duì	派对
pī sà	批萨
qì qiú	气球

看見	saw
	but
可口可樂	Coca Cola
	to be allowed to; may
	to go quickly
來	to come
藍色	blue
老師	teacher
	funtional word, indicate change of status
禮物	present
嗎	?
沒關係	do not matter
	did not think of
沒有對..說	did not said to…
	no one
美國	The United State of America
秘碼	secret code; password
	that day
哪兒	where
	every year
女孩兒	girl
派對	party
批薩	pizza
氣球	ballon

qī yuè	七月
qī yuè liù hào	七月六号
qī yuè sān hào	七月三号
qǐng	请
qiú	球
qù nián	去年
rè	热
rén rén	人人
rú guǒ…jiù	如果…就
sān diǎn sān shí sān fēn	三点三十三分
sān shí sān yuán	三十三元
shàng bān	上班
shàng le zhōng xué	上了中学
shàng wǎng	上网
shén me yàng	什么样
shēng rì	生日
shēng rì kuài lè	生日快乐
shì	是
shí èr yuè	十二月
shù zì	数字
sì	四
sì diǎn wǔ shí wǔ fēn	四点五十五分
suí biàn	随便
suǒ yǐ	所以

	July
七月六號	July 6
七月三號	July 3
請	to invite
	ball
	last year
熱	be hot
	everyone
	if…then
三點三十三分	3:33
	thirty-three dollars
	to go to work
上了中學	went to secondary school
上網	log on internet
什麼樣	what kind of
	birthday
生日快樂	happy birthday
	to be; is, are, was, were
	December
數字	number
	four
四點五十五分	4:45
隨便	whatever
	so; therefore

tā	他
tā men	她们
tài kù le	太酷了
tiào wǔ	跳舞
tiào xià shuǐ	跳下水
tīng	听
tīng jiàn	听见
tóng yì tiān	同一天
wán	玩
wèi shén me	为什么
wèn	问
wǒ de	我的
wǔ	五
xǐ huān	喜欢
xià wǔ	下午
xiàn zài	现在
xiǎo (de) shí hou	小（的）时候
xiào tā	笑他
xiè xie	谢谢
xué shēng	学生
yào	要
yě	也
yì dà lì miàn	意大利面
yí ge	一个

	he; him
她們	they
	so cool
	to dance
	to jump into the water
聽	to listen
聽見	heard
	the same day
	to play
為什麼	why
問	to ask
	my; mine
	five
喜歡	like
	afternoon
現在	now
小（的）時候	when …was young
	to laugh at him
謝謝	thanks
學生	student
	need to
	also; too
	spaghetti
一個	one

yí ge yí ge	一个一个
yǐ hòu	以后
yīn wèi	因为
yǒu	有
yóu yǒng	游泳
yóu yǒng chí	游泳池
yóu xì	游戏
zài	在
zài…lǐ	在…里
zāo gāo	糟糕
zěn me xiǎng	怎么想
zhè'er	这儿
zhī dào	知道
zuì hòu	最后

一個一個	one by one
以後	after
因為	because
	to have
	to swim
	swimming pool
遊戲	game
	at; in
在…裡	in…
	oh my god!
怎麼想	what to think
這兒	here
	to know
最後	at last